Made in the USA
Monee, IL
21 November 2022

18265150R00056